Cómo dejar de pensar en exceso

Deja de preocuparte y sé mentalmente duro despejando tu mente

Por: Raymond Henry

© **Copyright 2020 - Todos los derechos reservados.**

El contenido de este libro no puede ser reproducido, duplicado o transmitido sin el permiso directo del autor.

Bajo ninguna circunstancia se podrá responsabilizar legalmente o culpar a la editorial por cualquier reparación, daño o pérdida monetaria debido a la información aquí contenida, ya sea directa o indirectamente.

<u>Aviso legal:</u>

Este libro está protegido por derechos de autor. Es sólo para uso personal. No se puede enmendar, distribuir, vender, usar, citar o parafrasear ninguna parte o el contenido de este libro sin el consentimiento del autor.

<u>Aviso de exención de responsabilidad:</u>

Por favor, tenga en cuenta que la información contenida en este documento es sólo para fines educativos y de entretenimiento. Se ha hecho todo lo posible por proporcionar una información completa, precisa, actualizada y fiable. No se ofrece ninguna garantía de ningún tipo, ni expresa ni implícita. Los lectores reconocen que el autor no está comprometido en la prestación de asesoramiento legal, financiero, médico o profesional. El contenido de este libro se ha obtenido de varias fuentes. Por favor, consulte a un profesional autorizado antes de intentar cualquier técnica descrita en este libro.

Al leer este documento, el lector está de acuerdo en que bajo ninguna circunstancia el autor es responsable de ninguna pérdida, directa o indirecta, en la que se incurra como resultado del uso de la información contenida en este documento, incluyendo, pero no limitándose a, - errores, omisiones o inexactitudes.

Tabla de Contenido

Introducción 9

Capítulo Uno: Entendiendo el problema 14

Entonces, ¿qué es pensar demasiado? 14

¿Qué señal es el estar pensando demasiado? 15

¿Qué es la preocupación? 15

¿Las personas más inteligentes piensan demasiado? 16

¿Por qué la gente piensa demasiado? 17

Comportamiento negativo, traumático o estresante 17

Comportamiento pasivo 18

Cómo te perjudica el pensar demasiado 19

Ansiedad 19

Depresión 19

Miedo 20

Estrés 20

Fatiga 21

Indecisión.. 21

Abuso de sustancias 22

Soledad 22

Insomnio 22

Riesgo de suicidio 23

Señales de que eres un pensador excesivo 24

¿Por qué debes dejar de pensar en exceso?............... 25

Pensar demasiado llevará a dolores de cabeza............. 26

No puedes decidir si piensas demasiado...................... 27

Pierdes oportunidades.. 27

Te volverás pasivo... 28

No puedes enfocar tu mente.. 29

Disfrutarás más de la vida.. 29

Capítulo dos: Cómo dejar de pensar en exceso 31

¿Cómo puedes entrenar tu cerebro para que deje de pensar en exceso?.. 31

Otros métodos... 36

Capítulo tres: Despejando el desorden mental............. 42

Postergación, evasión e indecisión............................... 42

Actúa.. 43

Siempre mantente ocupado... 44

Reaccionando negativamente a las situaciones............ 45

Agotamiento del cerebro.. 46

Despejando la charla mental.. 46

Perdiendo el tiempo... 48

Evitar algo que no te está evitando............................... 49

Equipaje mental y emocional....................................... 50

Capítulo cuatro: Limpiando el desorden mental 52

Crear una lista de verificación...................................... 53

Eliminar el desorden 53

Trabaja en tu pensamiento 54

Apégate a un horario 54

Evita la tecnología 55

Deja de intentar complacer a todos 56

Vive en el presente 56

Crea un Santuario 57

Capítulo cinco: Cómo dejar de preocuparse tanto 58

Consejos para dejar de preocuparse 59

Cómo hacer frente a las preocupaciones por el dinero .. 63

Cómo hacer frente a las preocupaciones sobre el amor . 63

Lidiar con las preocupaciones sobre la salud 64

Capítulo seis: Eliminando la basura de tu vida 66

Capítulo Siete: Desconectándote de la tecnología 74

Capítulo ocho: Cómo ser dueño de tu mente 84

Paso uno: Reconocer y escuchar 84

Paso dos: Haz las paces con tu mente 85

Paso tres: Tus pensamientos son sólo eso - Pensamientos 86

Paso cuatro: Presta atención a tu mente....................... 88

Paso cinco: Re-cablear y volver a entrenar tu cerebro ... 89

Paso seis: Autocompasión 90

Capítulo Nueve: Cómo dejar de hablar negativamente de uno mismo 91

Conclusión 96

Introducción

La gente tiende a pensar demasiado en todo lo que pasa o se le dice. ¿Alguna vez has estado en una situación en la que las palabras de alguien te han picado mucho tiempo después de la conversación? ¿Sus palabras o acciones resuenan en ti como si hubieran despertado tu espíritu de un duro golpe? Probablemente hay muchas otras situaciones que has pasado, en las que te has quedado atascado en lo que te dijeron o hicieron. Así que, ¡detente ahora mismo! ¡No pienses en esas situaciones! Esta es la primera señal de que estás pensando demasiado.

La gente tiende a pensar demasiado debido a una emoción, una experiencia de perdón de eventos que pueden haber enfrentado en el pasado. Por ejemplo, los personajes de la película "A él no le gustas tanto" analizan constantemente cada cosa que sucede en sus vidas. Se enfocan en detalles diminutos y los analizan en exceso hasta que se vuelven locos. Hacen esto debido a algunos eventos del pasado. El personaje de Nicole Kidman revisa constantemente la estantería de su marido para asegurarse de que no es él quien está fumando. Su padre falleció a causa de un cáncer de pulmón, y ella no quiere que su marido se encuentre con el mismo fin. Mientras ella se concentraba en si su marido fumaba o no, él estaba fuera teniendo una aventura. No se dio cuenta de las señales que tenía delante de sí porque cedió a sus miedos. Es posible que tú también estés haciendo lo mismo.

Cuando piensas o analizas demasiado la situación, perderás de vista lo que realmente está sucediendo. En lugar de ello, te concentrarás en cómo la emoción te está haciendo sentir y reaccionarás de esa manera. No te enfocarás en el presente. Cuando piensas demasiado, te es difícil salir de la cama todos los días y lidiar con la vida diaria. Esto te llevará a la depresión y a la ansiedad. Es importante recordar que tu mente es la parte más importante de tu cuerpo. Esta parte de tu cuerpo impactará en diferentes partes de tu cuerpo. Tu cerebro puede estimular cada órgano de tu cuerpo y sus acciones. Cuando dejas que los pensamientos descontrolados destrocen tu cerebro, reaccionarás de manera diferente. Habrá un cambio en tus acciones. No quieres esto, ¿verdad? Así que, cuando notes que tus pensamientos se están alejando, deberías tomar el control de ellos. La pregunta, sin embargo, es ¿cómo vas a hacer eso?

Nunca es fácil controlar tus pensamientos porque son constantes. El único momento en que dejas de pensar en eventos pasados es cuando estás ocupado o dormido. Dicho esto, será difícil que trabajes o duermas si piensas demasiado. Cuando te concentras constantemente en un pensamiento, tu mente se paralizará. Será difícil para ti entrenar tu mente para que deje de pensar negativamente. Entonces, ¿qué haces cuando esto te sucede? ¿Cómo evitarás que tu mente deambule por las áreas oscuras de tu cerebro? ¿Qué es lo que puedes hacer para controlar tus pensamientos?

Encontrarás la respuesta a todas estas preguntas en el libro. Antes de ver las diferentes estrategias, debemos primero entender el problema. Sólo cuando entiendas el problema podrás identificar la solución al mismo. Debes asegurarte de salir de tus pensamientos y evitar vivir en un mundo imaginario. Como se mencionó anteriormente, es importante que entiendas el problema. Puede que te preguntes por qué no es bueno pensar demasiado cuando la gente espera que pienses antes de reaccionar ante cualquier situación. No es malo pensar. Hay momentos en los que tendrás que pensarlo dos veces antes de actuar. Una acción que es seguida por un exceso de pensamiento a menudo llevará a arrepentimientos profundos. Esto es lo que cubriremos en el libro. Sigue leyendo para saber qué puedes hacer para dejar de pensar demasiado. A través de este libro, reunirás información sobre lo que es pensar demasiado y por qué es malo para ti. También aprenderás sobre el desorden mental y cómo puedes deshacerte de este desorden. Aprenderás lo que puedes hacer para dejar de preocuparte tanto como lo haces.

Cuando tienes demasiado desorden en tu vida, tu mente también estará desordenada. Este libro te ayudará a entender cómo puede deshacerte de ese desorden. También verás lo que puedes hacer para desconectarte de la tecnología y cómo puedes evitar que tu mente piense negativamente en todo momento. Debes entender que puedes reprogramar tu cerebro. Esto hará que sea más fácil para ti dejar de pensar negativamente con todo lo que sucede en tu vida.

Recuerda que eres una persona fuerte, y no eres un fracaso. Definitivamente está bien haber fracasado en el pasado. Sólo cuando aceptes estos fracasos podrás empezar a llevar la vida para la que naciste. Asegúrate de no maldecirte por haber fracasado. No dejes que tus pensamientos te depriman, porque el mundo a tu alrededor ya lo está haciendo. Cuando eres constantemente negativo sobre ti mismo, comenzarás a reaccionar mal en cualquier situación. Las personas que amas pueden distanciarse de ti porque no saben qué se puede hacer para ayudarte. Si no estás seguro de qué hacer, pide ayuda. No hay nada malo en pedir ayuda. Sólo cuando lo hagas podrás cambiar tu forma de pensar y de comportarte.

Capítulo Uno: Entendiendo el problema

Cuando piensas demasiado, puede llevarte a la ansiedad o a la depresión. Esto es algo que definitivamente no debes ignorar. Si crees que piensas demasiado o conoces a alguien que piensa demasiado, debes seguir leyendo.

Entonces, ¿qué es pensar demasiado?

Pensar demasiado es cuando reflexionas repetidamente sobre los mismos temas. Estos temas son algunos eventos negativos de tu vida pasada, y estos pensamientos formarán un bucle interminable. Avanzarás a través del incidente en tu mente y analizarás cada pequeño detalle en tu mente sin llegar a una solución. Pensar demasiado no se trata de tener muchos pensamientos en la mente, sino sólo un pensamiento en tu mente que se repite en tu cabeza como un rollo de película. Los científicos de la mente llaman a esto rumiar. La rumiación es una forma en la que los mamíferos como las jirafas, los camellos y el ganado digieren la comida. Esto también se denomina regurgitación. Estos animales llevan la comida de sus estómagos a su boca. Luego mastican esa comida durante horas antes de volver a tragarla. Un pensador excesivo hace lo mismo: sacan algunos pensamientos perturbadores y mastican esos pensamientos en su mente.

¿Qué señal es el estar pensando demasiado?

Pensar demasiado es un síntoma temprano y un factor de riesgo para la depresión grave o el trastorno de ansiedad generalizada. Si uno tiende a pensar demasiado durante un tiempo, esto afectará sus funciones diarias o incluso cambiará su comportamiento drásticamente. Para evitar más aplicaciones, tendrán que buscar la ayuda de profesionales de la salud mental. Pensar demasiado es un problema común en las mujeres.

¿Qué es la preocupación?

Preocuparse y pensar demasiado implica pensar en pensamientos negativos repetidamente. Sin embargo, preocuparse es diferente de pensar demasiado. Pensar demasiado es cuando se piensa obsesivamente en un evento que ocurrió en el pasado. Preocuparse, sin embargo, es la forma en que piensas sobre el potencial o sobre un evento futuro. Las personas que se preocupan están ansiosas por cualquier resultado futuro que pueda tener un impacto negativo en sus vidas. Cuando se trata de preocuparse, las personas se hacen estas preguntas repetidamente:

1. ¿Qué pasa si no sucede lo correcto?

2. ¿Qué pasa si sucede lo incorrecto?

Es normal que la gente se preocupe todos los días de su vida. Dicho esto, si se preocupan demasiado, puede provocar un trastorno de ansiedad generalizado. Los psicólogos y otros expertos han dicho que la preocupación a menudo comienza porque las personas tienen pensamientos sobre los pensamientos.

¿Las personas más inteligentes piensan demasiado?

La mayoría de las personas se preguntan si Stephen Hawking, Madame Curie y Albert Einstein pensaron demasiado en sus investigaciones. Lo que hicieron fue deliberar. Ellos reflexionaron sobre algo durante mucho tiempo para poder llegar a una decisión consciente y cuidadosa. Cuando lo hicieron, colaboraron con expertos a su alrededor para expandir el conocimiento y solucionar cualquier problema. Hicieron esto para poder llegar a una conclusión. La palabra clave aquí es conclusión. Todo experto en el campo de la política, los negocios, la filosofía de la ciencia, siempre pensará en llegar a una conclusión. Es importante entender que hay una diferencia entre el pensamiento profundo y el pensamiento en exceso. Este último nunca te ayudará a llegar a ninguna decisión.

Un pensador excesivo siempre pensará solo. Nunca compartirá sus pensamientos con la gente que le rodea para pedirle consejo. Hay una gran diferencia entre un pensador excesivo y un pensador profundo - el primero nunca llega a una conclusión.

¿Por qué la gente piensa demasiado?

Las investigaciones demuestran que la gente piensa demasiado por las siguientes razones:

1. Comportamiento negativo, traumático o estresante del pasado

2. Comportamiento pasivo desarrollado debido al exceso de control de los padres o de las relaciones

Comportamiento negativo, traumático o estresante

Un evento estresante siempre puede empeorar o incluso desencadenar un exceso de pensamiento. Un estudio encontró que las personas que pasaron por situaciones estresantes como enfermedades graves o divorcio a menudo desarrollaron un pensamiento excesivo. Las mismas personas, un año después, habían desarrollado ansiedad y depresión. Investigaciones adicionales confirman que los eventos estresantes de la vida pueden desencadenar el pensamiento excesivo. Esto también se relaciona con altos niveles de depresión más adelante en la vida.

Comportamiento pasivo

Los niños a menudo aprenden a comportarse de sus padres. Cuando los padres representan el comportamiento pasivo, los niños a menudo desarrollan el hábito de pensar demasiado. La mayoría de los padres quieren que sus hijos den lo mejor de sí en la vida y tienden a empujarlos a actuar de la manera que creen que es correcta. No permiten que sus hijos aprendan por sí mismos. Un estudio encontró que tales niños eran más pasivos e indefensos cuando el festín se presentaba en situaciones estresantes o frustrantes. Estos niños entonces empezaron a pensar demasiado sobre estos eventos más tarde en la vida. Otro estudio encontró que los estudiantes universitarios empezaron a pensar demasiado si sus padres controlaban su comportamiento en la universidad.

Cómo te perjudica el pensar demasiado

Cuando piensas demasiado habitualmente, destruirás tu mente y tu cuerpo de muchas maneras. Para empezar, un pensador excesivo duerme muy mal, come de forma errática, no hace ejercicio regularmente y sufre ataques si se desencadena. Estos efectos tendrán un efecto perjudicial en tu cerebro. Pensar demasiado tiene muchos efectos en tu cuerpo. En esta sección se analizarán algunos de los efectos comunes del exceso de pensamiento.

Ansiedad

Un pensador excesivo siempre está ansioso. Estas personas nunca son capaces de llegar a una conclusión sobre sus pensamientos. Esto significa que nunca saben cómo reaccionar o actuar en cualquier situación. Desarrollan ansiedad porque no pueden ayudarse a sí mismos a salir del patrón de pensamiento excesivo.

Depresión

Un pensador excesivo siempre se centra en los pensamientos negativos y los medita durante horas o días. Es por esto que el exceso de pensamiento puede empeorar la depresión. A menudo, un pensador excesivo se centrará sólo en los recuerdos negativos del pasado. Por eso tiene una visión muy pesimista de su situación actual. También son muy negativos sobre su futuro. Dado que las mujeres son propensas a pensar demasiado, las demás tienen más probabilidades de entrar en una depresión más adelante en la vida.

Miedo

Un pensador excesivo llegará a un punto en la vida en el que tendrá miedo de conocer a la gente. Se preocupará de que la gente diga algo que los sobrecargue con nuevos pensamientos negativos. Esto puede convertirse en un caso grave de agorafobia o fobia social.

Estrés

El estrés o la angustia es un compañero muy cercano para un pensador excesivo. Pensar demasiado sí causa estrés, y el aumento del estrés llevará a pensar demasiado. Este es un bucle sin fin.

Fatiga

Cuando un hámster está corriendo sin parar sobre su rueda, su mente se quedará sin energía. Pronto, su cuerpo también estará cansado. Cuando su cuerpo esté bajo estrés, producirá más cortisol, que es esta hormona del pecho. Esto puede llevar al agotamiento. Es por la misma razón que un pensador excesivo también estará cansado. Cuando piensan constantemente, sus mentes se agotan de energía. Cuando el cerebro se queda sin energía, necesitará absorber la energía del cuerpo que hará que el cuerpo se canse. Cuando el cuerpo hace esto, estará bajo estrés, por lo que producirá cortisol en exceso.

Indecisión

A un pensador excesivo le resultará muy difícil encontrar una solución a sus problemas. Incluso si llegan a una solución que funcione para ellos, cuestionarán su capacidad para seguir adelante con esa solución. Tampoco tienen la motivación para actuar en esa solución. Los expertos utilizan la parálisis del análisis de frases ilustrativas para definir el exceso de pensamiento.

Abuso de sustancias

Un pensador excesivo a menudo abusará de las sustancias para hacer frente al estrés. La mayoría de los que piensan en exceso abusan del alcohol, ya que esta sustancia está disponible fácilmente. Un pensador excesivo se dará el gusto de beber en exceso, lo cual significa que beberá continuamente durante unas cuantas horas o días. También pueden abusar de medicamentos con y sin prescripción, otras drogas, o fumar más.

Soledad

Los que piensan demasiado a menudo sufren solos y prefieren permanecer en aislamiento. Siempre evitan las interacciones sociales. También son muy buenos para repeler a otras personas con su hábito de hablar sobre lo terrible que es su vida todo el tiempo.

Insomnio

A un pensador excesivo le será muy difícil dormir. No pueden dejar de pensar. Dado que un pensador excesivo está constantemente ejecutando un pensamiento a través de un bucle, se hace difícil para ellos mantener su cuerpo o mente en un estado de calma. Esto hace muy difícil que se duerman. Sólo cuando sus cerebros están muy cansados, y no queda absolutamente nada de energía en su cuerpo, se duermen.

Riesgo de suicidio

Un pensador excesivo es siempre autocrítico. Esto significa que son muy duros consigo mismos. También tienen una fuerza de voluntad muy baja. Estas características, cuando se combinan con su aislamiento y su fobia social, aumentan el riesgo de suicidio. La mayoría de los pensadores no buscan ayuda profesional, incluso cuando abusan de las drogas. Pensar demasiado también conduce a la búsqueda de venganza.

Los que piensan demasiado nunca pueden evitar pensar en cualquier evento negativo que les haya sucedido en el pasado. Cualquier pensamiento en la mente de un pensador excesivo es perjudicial. Es por esta razón que sufren con impotencia. Cuando un pensamiento intruso toma fruto en su mente, se hace difícil para ellos sacar ese pensamiento de su mente.

Susan Nolen-Hoeksema, autora de Eating, Drinking, Overthinking and Women Who Think Too Much (Comer, beber, pensar demasiado y las mujeres que piensan demasiado), la difunta editora fundadora de Annual Review of Clinical Psychology (Revisión anual de Psicología Clínica) e investigadora en el campo del pensamiento excesivo, dijo eso: "La gente se cansa, incluso se molesta, con los que piensan demasiado por seguir hablando de su pérdida. Puede que simplemente se retiren, o si no pueden retirarse, pueden eventualmente explotar ante el pensador excesivo, expresando ira y frustración en lugar de simpatía y preocupación".

Señales de que eres un pensador excesivo

Algunas señales de que estás pensando demasiado son:

1. Siempre revives un momento embarazoso en tu cabeza. Repites ese evento en tu mente constantemente.

2. Tiene problemas para dormir porque su cerebro no se apaga.

3. Siempre te haces numerosas preguntas que comienzan con la frase "qué pasaría si".

4. Siempre diseccionas lo que alguien te ha dicho para entender lo que quiere decir.

5. Reactivas cada conversación que hayas tenido con personas en el pasado y siempre piensas en lo que puedes o deberías haber dicho.

6. Siempre revives tus errores.

7. Si alguien se comporta de una manera que no te atrae, lo repites en tu mente.

8. No prestas atención a lo que sucede a tu alrededor porque constantemente piensas en algo que puede haber sucedido en el pasado. También puedes estar preocupado por cosas que podrían suceder en el futuro.

9. Te preocupas constantemente por cosas sobre las que no tienes ningún control.

10. Nunca puedes dejar de pensar en tus problemas y preocupaciones.

¿Por qué debes dejar de pensar en exceso?

A estas alturas, tú sabes si es un pensador excesivo. Entonces, ¿por qué es importante dejar de pensar demasiado? Es contrario a la intuición impedir que tu cerebro piense, ¿no es así? Por lo tanto, veamos algunos puntos que te explicarán por qué no debes pensar demasiado.

Pensar demasiado llevará a dolores de cabeza

No te duele la cabeza cuando escribes algo, buscas una solución o planeas algo. Sin embargo, sí te dolerá la cabeza cuando repitas el mismo pensamiento una y otra vez. Cuando tienes pensamientos en tu cabeza, la única persona con la que estarás conversando es contigo mismo. Cuando discutes el mismo asunto repetidamente, te dolerá la cabeza. Se te hará muy difícil dejar de pensar esos pensamientos. Esto es lo que le sucede a la mayoría de las personas. El pensamiento negativo o la emoción es muy parecido a una canción. Se repetirá en tu mente hasta que encuentres una forma de eliminar ese pensamiento. Cuando piensas en asuntos sin importancia repetidamente, sólo será una pérdida de energía, de tiempo y también te dará un dolor de cabeza.

No puedes decidir si piensas demasiado

¿Qué crees que puedes hacer cuando decides hacer una cosa, pero cambias de opinión inmediatamente? Cuando trabajas en la toma de una decisión, la manera correcta es pensar en el problema y la solución por un tiempo. Esto puede ayudarte a decidir el curso de acción correcto bajo cualquier circunstancia. Una vez que decidas, debe seguir adelante con esa decisión sin mirar atrás. Si piensas constantemente en tus opciones, sólo plantearás dudas. Cambiarás de opinión y dejarás que la preocupación ocupe tu mente. Esto hará que te sea difícil actuar sobre tu decisión. Cuando pienses demasiado, debilitarás tu capacidad de decisión. Este exceso de pensamiento llevará a tu mente a plantear dudas que te dificultarán llevar a cabo estos pensamientos. Este tipo de comportamiento te hará perder el tiempo. También hará que pierdas la confianza en tu capacidad de decisión.

Pierdes oportunidades

Cuando eres prisionero de emociones y pensamientos negativos, perderás numerosas oportunidades. Cuando piensas constantemente, esto te pondrá en una rutina. Será difícil para ti ver más allá de tu punto de vista, pensamientos y creencias. Sólo cuando te deshaces de este comportamiento puedes dejar que entren en tu mente pensamientos diferentes y mejores. Siempre toma conciencia de tu situación y de tu entorno. Esta es la única manera en que puedes reconocer tus oportunidades. Cuando tu mente está libre de demasiado pensamiento, puedes verlo desde una perspectiva diferente.

Te volverás pasivo

Cuando empieces a pensar de forma obsesiva, te convertirás en una persona pasiva. Dejarás de actuar y dejarás de hacer cosas. No puedes decidirte por nada. Comenzarás a permitir que cada pensamiento pase por tu mente, y dejarás que estos pensamientos crezcan, se repitan y formen un bucle. Esto traerá más pensamientos asociados y similares. Recuerda, cada meta que tengas en mente necesitará ser planeada. Una vez que planifiques, debes actuar. Cuando analizas cada pensamiento, te preocupas constantemente o sigues pensando, no llegarás a ninguna parte. Necesitas aprender cuándo debes empezar a actuar y cuándo debes dejar de pensar.

No puedes enfocar tu mente

Cuando trabajes, siempre debes concentrarte en tus tareas. Siempre concéntrate en lo que sea que necesites hacer, especialmente cuando tu mente está libre y tranquila. No dejes que los pensamientos y emociones negativas se cuelen en tu mente. Sólo cuando tengas más control en tu mente podrás enfocarte mejor.

Disfrutarás más de la vida

Es importante que pienses en todo lo que sucede en tu vida. La única cosa que necesitas hacer es enfocarte en cuánto tiempo pasas en esos pensamientos. Sólo cuando pasas tiempo en tus pensamientos puedes decidir una solución sin cambiar de opinión. Esto asegurará que pases tu tiempo haciendo cosas en vez de enfocarte sólo en pensar esos pensamientos. Si no piensas constantemente, habrá paz interior. Si tienes paz interior, puedes calmar tu mente ya que te librarás de pensamientos, miedos y preocupaciones sobre el pasado. Cuando hagas esto, te darás cuenta del presente. Serás más consciente de las oportunidades que te esperan y serás más feliz.

Ahora, ¿entiendes por qué es importante que superes tu hábito de pensar demasiado? No es difícil dejar de pensar en exceso. Todo lo que debes hacer es aprender cómo puedes hacerlo y seguir las técnicas que se mencionan a continuación. Sólo necesitas calmar tu mente y concentrarte en lo que pasa en su mente. Dedica unos minutos todos los días para concentrarte en tus pensamientos. Esto te ayudará a llegar lejos.

Capítulo dos: Cómo dejar de pensar en exceso

Si sufres del hábito de pensar demasiado en cada uno de los acontecimientos de tu vida, puede probar estos consejos científicamente probados. Estos son métodos efectivos que te ayudarán a dejar de pensar demasiado. Sin embargo, estos métodos requieren mucha práctica. Debes asegurarte de perseverar.

¿Cómo puedes entrenar tu cerebro para que deje de pensar en exceso?

Es fácil entrenar tu mente para que deje de pensar en exceso usando los siguientes métodos:

1. Resolución de problemas

2. Mindfulness

3. Distracción

4. Caja de Pensamiento

Resolución de problemas

Los estudios muestran que pensar demasiado reducirá tu motivación para resolver los problemas. Algunos estudios muestran que pensar demasiado es similar a la depresión en el sentido de que la resolución de problemas les ayuda a mantenerse estables y a evitar que se introduzcan pensamientos negativos. Por lo tanto, debes desafiarte a ti mismo para evitar que los pensamientos negativos se introduzcan e identificar una solución a un problema. También debes asegurarte de que estos pensamientos no continúen en tu mente en forma de bucle. Oblígate a encontrar la solución a cualquier problema que esté jugando en tu mente. Siempre desafíate a ti mismo para identificar las formas en las que puedes resolver cualquier problema que tengas a mano.

Susan Nolen-Hoeksema afirma que puedes identificar una solución a cualquier problema si primero puedes distraerte de estos pensamientos negativos. Abordaremos este tema más adelante en este capítulo. Siempre puedes tratar de distraerte haciendo ejercicio, viendo un video divertido, realizando una actividad que te guste o meditando. Esto te ayudará a calmar tus pensamientos, y así te ayudará a encontrar una solución clara al problema.

Mindfulness

Cuando practiques la atención plena (Mindfulness), puedes dejar de pensar demasiado. La atención plena no significa que reduzcas o suprimas cualquier pensamiento perturbador. Esta técnica te ayudará a entrenar tu mente para aceptar todos tus pensamientos sin colocarlos en un recipiente en tu cabeza. Tu mente aprenderá a dejar que estos pensamientos vengan y vayan. Un pensador excesivo que está en un estado de consciencia no controlará, reducirá o cambiará sus pensamientos. Sólo aprenderá a dejar que los pensamientos entrometidos vengan y se vayan. Esto reducirá la intensidad de esos pensamientos en su mente. Lilisbeth, Perestelo-Perez, una psicóloga clínica, estudió 11 estudios que se llevaron a cabo sobre la atención plena. Ella encontró que la MBCT o Terapia Cognitiva Basada en Mindfulness reduciría el pensamiento excesivo. El método aplicado en este tratamiento ayudó a controlar el flujo de los pensamientos y a enseñar a la mente a aceptar esos pensamientos. Estos estudios mostraron que los efectos de la atención plena duraban muchos meses después del tratamiento.

Distracción

Cuando se trata de pensar demasiado, debes asegurarte de que eres consciente de que tus pensamientos se detendrán; sólo cuando eres consciente de que estás entrando en el modo de pensar demasiado puedes empezar a distraerte. Cuando se trata de pensar demasiado, te enfocarás en un evento que ocurrió en el pasado una y otra vez sin identificar una solución. Cuando se trata de distraerte a ti mismo, tendrás que robar tu atención a un pensamiento neutral o a un pensamiento agradable. Un estudio demostró que cuando se le pidió a la gente que se concentrara en objetos específicos o en lugares geográficos durante ocho minutos, se deprimieron menos. Si no quieres enfocarte en un objeto o en una ubicación geográfica, puedes distraerte realizando una actividad. También puedes dejar el lugar en el que te encuentras. Si quieres, puede distraerte trabajando en un proyecto o tarea que te ocupe la mente; se detendrá también si puedes escuchar una canción alegre y responder en la habitación o escuchar música agradable y calmar tu mente.

Caja de Pensamiento

Siempre debe reservar un tiempo todos los días para pensar en exceso. Puedes pasar de 30 minutos a una hora haciendo esto. Asegúrate de darte este tiempo todos los días. Pon la alarma para saber cuándo empieza el tiempo. Di que éste es el único momento en el que puedes pensar en exceso. Sin embargo, debes detenerte cuando el temporizador se apague. Puedes dejar que tu mente se vuelva loca y pensar en cada emoción o evento negativo que pueda haber ocurrido en tu vida. Recuerda que este es el único momento en el que puedes pensar en exceso. No controles tus pensamientos o los limites. La única adición es que te sentarás con el bloc de notas y el bolígrafo. Siempre anota los pensamientos que están revoloteando por tu mente. No tienes que exagerar e incluir cada pensamiento que pasa por tu mente. Sólo ve con cuidado y anota al menos uno o dos pensamientos que pasen por tu mente.

Puedes llamar a esto tu caja de pensamientos. Quieres decir que ahora te preguntas cómo te va a ayudar esto. En primer lugar, si sientes que estás cayendo en el hábito de pensar demasiado en algún momento del día, deberías recordarte que tienes algún tiempo establecido más tarde durante el día en el que puedes pensar demasiado. Esto te ayudará a dejar de pensar demasiado en ese momento. En segundo lugar, cuando escribes algunos pensamientos, forzarás tu mente a reconocer que has prestado atención a ese pensamiento y dejarás de volver allí repetidamente.

Otros métodos

Ahora que hemos examinado los métodos científicos, veamos algunas otras técnicas que puedes utilizar para dejar de pensar demasiado.

Ser consciente

Es posible que haya escuchado a personas que te digan que sólo puedes abordar un problema cuando aceptas que tienes un problema. Lo mismo se puede decir sobre el exceso de pensamiento. Debes ser consciente de cuándo estás pensando demasiado, para poder detenerte. Siempre que te encuentres dudando de tus capacidades, sintiéndote ansioso o estresado, debes dar un paso atrás y observar la situación. Trata de mirar a tu entorno para ver qué es lo que te hace reaccionar de esa manera. Sólo en ese momento de conciencia sabrás qué es lo que estás haciendo.

Piensa de forma positiva

Recuerda que el exceso de pensamiento es a menudo causado por una sola emoción: el miedo. Las personas tienden a concentrarse en todos los aspectos negativos que pueden ocurrir en su vida en el futuro. Esto los paralizará y les impedirá vivir el presente y ser felices. Cuando sientas que estás en espiral o moviéndote en esa dirección, haz un esfuerzo consciente para detenerte. Debes visualizar las cosas que siempre pueden ir bien y tratar de mantener esos pensamientos en la parte superior de tu mente.

Distráete

Como se mencionó anteriormente, debes tratar de distraerte con alternativas positivas, saludables y felices. Puedes cambiar al baile, la meditación, el tejido, el dibujo, la pintura, el aprendizaje de un instrumento o incluso el ejercicio cuando te sorprendas pensando demasiado. Cuando mantengas tu mente ocupada, puedes dejar de pensar en exceso.

Cambia tu percepción

La gente tiende a hacer que un asunto o un evento sea más grande y más negativo de lo que realmente necesita ser. Cuando te encuentras haciendo esto, deberías preguntarte cuánto te importaría este tema en los próximos cinco meses o cinco años. Ni siquiera tienes que ir tan lejos. Sólo pregúntate si este tema te importará en el próximo mes. Cuando cambias el marco de tiempo y te haces preguntas simples, puedes dejar de pensar demasiado.

Acepta la imperfección

Esta es una tarea muy difícil de realizar. Todo lo que queremos hacer es ser perfectos, encontrar la pareja perfecta, llevar la vida perfecta o encontrar el trabajo perfecto. Esta es la peor manera de vivir la vida, y es importante que te detengas ahora. Está bien ser ambicioso, pero es una tontería aspirar a la perfección. Cuando empiezas a pensar que todo en tu vida necesita ser perfecto, necesitas recordarte a ti mismo que progresar es más importante que ser perfecto. Necesitas aceptar tus imperfecciones o las imperfecciones de los demás sin ningún juicio.

Mira el miedo de manera diferente

Puedes tener miedo porque puedes haber fracasado en el pasado, o tienes miedo de intentarlo. También puedes estar analizando demasiado tus fracasos. Cuando hagas esto, necesitas recordarte a ti mismo que sólo porque las cosas no funcionaron en el pasado, esto no tiene que ser lo mismo ahora. Es importante recordar que un nuevo comienzo es un nuevo lugar para empezar.

Usa un cronómetro

Es importante que siempre te pongas un límite. Esto es similar al método de caja de pensamiento mencionado anteriormente. Date un poco de tiempo durante el día o la semana para pensar en exceso.

No puedes ver el futuro

Debes recordar que nadie puede predecir el futuro. Todo lo que tienes ahora es el presente. Si te preocupas constantemente por lo que puede suceder en el futuro, te estás robando el tiempo que tienes ahora. No es productivo gastar tu tiempo preocupándote por el futuro. En lugar de eso, pasa ese tiempo en actividades que te den felicidad y alegría.

Acéptate a ti mismo

La mayoría de las personas tienden a pensar demasiado porque creen que no son lo suficientemente buenos. No creen que están trabajando lo suficientemente duro o que son lo suficientemente inteligentes para lograr sus objetivos. Saben que han dado lo mejor de sus esfuerzos para completar una tarea específica. Acepta tu esfuerzo y sé consciente que el éxito a veces se te escapa de las manos. Sólo puedes controlar cómo te comportas o actúas para completar una tarea. No puedes controlar el resultado.

Sé agradecido

Recuerda que no puedes tener dos pensamientos conflictivos en tu mente al mismo tiempo. Por lo tanto, es importante que pases cada momento del día pensando positivamente. Cuando te despiertes por la mañana y justo antes de irte a la cama, haz una lista de todo lo que agradeces. También puedes encontrar a alguien que esté dispuesto a apoyarte cuando hagas esto. Además puedes pedirle a esa persona que haga una lista de lo que agradece. Luego puedes comparar estas listas para ver qué cosas buenas hay en tu entorno.

Todos tenderán a pensar demasiado en algún momento de sus vidas. Si desarrollas un sistema que te ayude a lidiar con ello, podrás reconocer algunos de los pensamientos ansiosos, negativos y estresantes. Puedes pasar todo ese tiempo en cosas positivas de tu vida.

Capítulo tres: Despejando el desorden mental

¿Piensas constantemente en exceso? Si lo haces, significa que tienes un montón de desorden mental que necesitas eliminar, para que aprendas a ser feliz. Para ello, necesitarás prestar atención a tus pensamientos y frenar cualquier pensamiento o hábito autodestructivo que cree caos, confusión o incluso que bloquee tu mente.

Postergación, evasión e indecisión

¿Mantienes una lista de tareas mentales que sobrecarga tu cerebro, haciendo difícil que te concentres? ¿Estás tan indeciso que no puedes concentrarte en tus pensamientos o aclarar tu mente?

La postergación es uno de los problemas más grandes en la vida de uno. Este hábito sólo contribuirá a mucho dolor y estrés. A menudo esperamos hasta el último momento antes de sentarnos para completar la tarea, y nos sentimos abrumados porque hay mucho que hacer y muy poco tiempo. Esto nos llevará al estrés y a la ansiedad. Entonces empezaremos a preocuparnos por cómo vamos a terminar la tarea en poco tiempo. Como las personas no pueden priorizar tareas, no saben qué deben hacer y cuándo deben hacerlo. La manera más fácil de tratar con esto es hacer una lista de tareas y priorizarlas.

Consideremos el siguiente ejemplo: Archie tenía una lista de tareas que sabía que debía completar durante el fin de semana. Siempre dedicó tiempo a aquellas tareas que podía completar y que le importaban más que las que le estaban agobiando. También tendía a olvidarse de esas tareas que eran de alta prioridad, hasta que un día, se dio cuenta de que necesitaba completar esas tareas antes de hacer cualquier otra cosa. Fue entonces cuando se dio cuenta de que necesitaba cambiar su vida para mejorarla y poder ser más proactivo. Entonces decidió organizar su vida y evitar postergarla. Esto cambió su vida para mejor.

Actúa

Debes actuar y hacer siempre todo lo que sea necesario. Asegúrate de no seguir posponiendo las cosas. Debes completar las tareas tan pronto como puedas. Siempre te sentirás mejor cuando completes una tarea ya que puedes dejarla atrás. Cuando completes tus tareas a tiempo, todos los pensamientos persistentes sobre cómo no has completado tu trabajo se desvanecerán de tu mente y abordarás estas tareas una por una. Estarás más saludable y feliz por ello.

Siempre mantente ocupado

Es cierto que estamos ocupados estos días porque asumimos más de lo que podemos hacer. Queremos impresionar a nuestros jefes en el trabajo o demostrarle a alguien, en algún lugar, que somos buenos en lo que hacemos y que también podemos hacer mucho más. Asumimos demasiadas tareas que no podemos completar en el tiempo estipulado. Esto nos lleva a una mayor presión, estrés y ansiedad.

Betty es una estudiante modelo y tiene una agenda muy apretada. Si llega tarde incluso para una actividad, no podrá asistir a las otras actividades de su programa. Ella va a la escuela a las 8 AM y está llena de clases, incluso tiene que trabajar para el periódico de la escuela. También toma una clase de idiomas y clases de baile para poder incluir más actividades extracurriculares en su perfil para cuando solicite ingreso a la universidad. Pronto comenzó a tener ataques de pánico y convulsiones porque ya no podía soportar el estrés. Debes saber cuándo es el momento de parar. Esta es la única manera en que puedes prevenir cualquier ataque de pánico y de estrés.

Reaccionando negativamente a las situaciones

Se cree que los seres humanos están conectados para pensar negativamente, independientemente de la situación. Si le preguntas a alguien sobre su cumpleaños, sólo te dirá sobre las personas que se olvidaron de felicitarle. No les importarán las personas que se hayan tomado el tiempo para reunirse con ellos. Entonces, ¿qué dice esto sobre ellos? ¿Que son personas tristes? No, es lo contrario a eso. Las personas no están tristes; sólo están preparadas para reaccionar negativamente, ya que esto dará a las emociones negativas la oportunidad de salir. Esta es una manera terrible de vivir la vida. Esto sólo conducirá a un gran desorden mental y te impedirá llevar una vida feliz.

Cheryl era una persona que siempre es negativa en todo en la vida. Ella entraba en un lugar, y podías sentir la negatividad rodando por su cuerpo. Se quejaba constantemente de su trabajo, de su vida y de que sus problemas nunca parecían terminar. Anhelaba la atención de la gente, y si algo no le salía bien, causaba problemas, así que las cosas eran como ella quería que fueran. Cheryl no se dio cuenta de que lo que estaba haciendo sólo causaba problemas. No se dio cuenta de que sus acciones hacían que otras personas empezaran a pensar en exceso. La gente a su alrededor se dio cuenta de que estaba creando un ambiente hostil que les dificultaba la respiración. Decidieron sacarla de sus vidas, y esto la dejó sin amigos.

Agotamiento del cerebro

Debes hacer un esfuerzo para aclarar tu mente y eliminar cualquier pensamiento obsesivo que te abrume. Si no lo haces, te verás empantanado con muchos pensamientos que agotarán tu cerebro. Debes asegurarte de darte un tiempo y limpiar conscientemente tu mente de pensamientos que no son productivos. Un pensamiento persistente en tu mente puede crear una atmósfera depresiva que sólo causará angustia mental.

Despejando la charla mental

¿Hay algunos pensamientos en tu mente que se repiten constantemente? ¿Esto hace que sea difícil para ti lograr todo lo que necesitas? Estos pensamientos sólo agotarán tu energía, y definitivamente no quieres eso. La gente a menudo apila sus platos con demasiadas tareas y responsabilidades. Tienden a asumir demasiadas actividades, como se mencionó anteriormente, pero son incapaces de manejar bien su tiempo. Es difícil seguir el consejo de "Simplemente di no" o "Delega tus tareas". No puedes decir que no a algunas tareas que la gente espera que completes. Del ejemplo anterior, ¿a qué cree que Betty podría haber dicho que no? Ella necesita hacer las tareas escolares, así que no podía decir que no a eso, y también necesitaba el crédito extra para poder entrar en una buena universidad. Ella no podría decir que no a esas tareas o incluso delegarlas.

Perdiendo el tiempo

Todas las personas del planeta son culpables de perder el tiempo. La gente necesita aprender cuando se trata de eficiencia. Si has prestado atención a tu comportamiento o al comportamiento de la gente que te rodea, sabes que se pondrán muy ocupados si están en estado de evasión. Nos engañamos pensando que sólo nos hemos ocupado, y no que estamos tratando de evitar nada. Le damos a todo el mundo la excusa de que estamos ocupados y no estamos evitando nada. Esto es un montón de tonterías. Está claro que no somos buenos para convencernos a nosotros mismos. Si descuidas las tareas molestas por más tiempo, se quedarán en el fondo de tu mente y te molestarán hasta que llegues a completar esas tareas. Intenta completar estas tareas para que puedas ver cuánta energía y tiempo te podrías haber ahorrado completando la tarea cuando era necesario.

Evitar algo que no te está evitando

Sí, podrías tener una tarea que has elegido trabajar más tarde y la has llevado al final de tu lista. Puede que hayas ignorado esta tarea durante horas, días, semanas o incluso meses. Cuando evitas realizar estas tareas, te encontrarás preocupado por las cosas, y esto hará que la situación sea una molestia. Tu mente te regañará constantemente sobre una tarea que no has completado. Estos recordatorios traerán consigo un sentimiento de pesadez en el corazón, lo que afectará a tu salud en general.

El mejor consejo que cualquiera puede darte es que evites la evasión. No te estreses por tu indecisión; sé lo suficientemente fuerte para dar un salto de fe. Todo lo que necesitas hacer es respirar profundamente y zambullirte. Tus acciones no siempre tienen que ser exitosas, pero esto no debería ser un problema para ti. Aprenderás más sobre tus capacidades cuando te arriesgues y pruebes algo nuevo. Esta es la única manera en que puedes evolucionar.

Equipaje mental y emocional

Siempre somos víctimas de nuestros pensamientos. Puede que hayas pasado por una desagradable ruptura, una terrible amistad o un acontecimiento en tu vida en el que se te rompió el corazón. Esto dejará algunos rastros en tu memoria porque no lidiaste con el tema en ese momento. Esto significa que el dolor y la pena volverán a tu mente. Esto hará que sea difícil para ti lidiar con la situación o el dolor. No puedes realizar las tareas que necesitas porque ya no puedes manejar lo que está sucediendo en tu vida. La única forma en que puedes realizar lo mejor de tus habilidades es dejando ir el dolor y el estrés del pasado para que puedas perdonar a las personas que te han hecho daño y seguir adelante.

Jones siempre dejó que el pasado regrese para perseguirlo. Él se preguntaba cómo la vida nunca le dio lo que se merecía. Se enojaba terriblemente por la forma en que sus padres habían dejado las cosas, especialmente su padre, porque creía que cada asunto en su casa era culpa de su padre. Esto le hizo amargarse la vida, y nunca pudo perdonar a su padre. Sólo cuando Jones se dio cuenta de que este dolor lo estaba paralizando, decidió tomar una posición y perdonar a su padre. Habló con su padre sobre los problemas que le preocupaban, y su padre comprendió de dónde venía. Esta era la única manera en que podían sanar su relación.

Puedes ver que el desorden mental sólo tendrá un impacto negativo en tu vida. Este desorden hará que te sea difícil funcionar, ya que sólo te provocará estrés y ansiedad. La única manera de lidiar con este desorden es quitándolo. En el siguiente capítulo veremos algunos consejos que puedes utilizar para eliminar este desorden de tu vida.

Capítulo cuatro: Limpiando el desorden mental

Como se mencionó en el capítulo anterior, cualquier tipo de desorden mental obstaculizará la productividad y te ralentizará. Sólo cuando identifiques este desorden, podrás clasificarlo y deshacerte de lo que te esté reteniendo. También puedes poner tus pensamientos en recipientes separados en tu mente. Si tienes muchas cosas que hacer y que no puedes completar, esta es una lista de verificación para ti. Despeja el desorden mental para que puedas dar la bienvenida a la paz común de nuevo en tu vida. Sólo sin este ruido en tu mente te convertirás en un alma más feliz y productiva. Como se mencionó anteriormente, debes tratar de enfocarte en una tarea a la vez. Termina esa tarea; tómate un descanso, y luego pasa a la siguiente tarea. Este capítulo contiene ocho estrategias que puedes utilizar para despejar el desorden mental. Estas estrategias te ayudarán a mantener a raya el estrés y la ansiedad.

Crear una lista de verificación

Necesitas mantener una lista de cosas por hacer si quieres ser feliz. Las personas tienen muchas tareas que deben completar y es importante que hagan un seguimiento del estado de esas tareas. Si no tienes una lista de tareas, es hora de que empieces a hacer una ahora. Recuerda que no puede ser una lista mental, sino que tiene que ser una lista real que puedas mirar. Cuando te sientas abrumado, puedes mirar esta lista y controlar tus tareas y pensamientos dispersos. Cuando creas una lista, debes asegurarte de que priorizas las tareas de esa lista. Siempre aborda aquellas tareas que son muy críticas. Estas son las tareas que nunca quieres hacer. Dicho esto, cuando prestes atención a tus pensamientos después de completar esta tarea, verás que te preocupas menos. Refresca esta lista de tareas al menos dos veces al día.

Eliminar el desorden

Los seres humanos, en general, son acaparadores. Nunca quieren deshacerse de nada que hayan comprado en el pasado o que les hayan dado. Si tienes demasiadas cosas, las dejarás amontonarse en una silla, en tu armario o incluso en tu oficina. Si miras tu casa, verás que no hay lugar para que quepa nada más. No es así como deberías vivir. El desorden en el exterior llevará a un desorden en tu mente. Cuando tu espacio físico está desordenado, ¿cómo puedes esperar que tu mente esté libre de desorden? Por lo tanto, necesitas limpiar tu casa, tu armario, tu dormitorio, tu escritorio y tu oficina para obtener algo de claridad.

Trabaja en tu pensamiento

Sí, puede que no seas la persona adecuada para completar algunas tareas. Dicho esto, definitivamente eres la mejor persona para completar o trabajar en tareas específicas, las voces en tu cabeza te dirán que no eres lo suficientemente bueno, y esto llevará a una autocomplacencia negativa. Este es el peor tipo de desorden mental que cualquier ser humano puede tener. Debes prestar atención a tales pensamientos y dejar de pensar en ellos y entrenar tu cerebro sólo para pensar positivamente.

Apégate a un horario

Debes recordar que la conexión entre la mente y el cuerpo es una de las conexiones más fuertes que jamás hayan existido. Una mente feliz mantendrá tu cuerpo sano. Debes identificar formas saludables de vencer la depresión, el estrés, la ansiedad y el miedo. Mantén una rutina en la que dediques suficiente tiempo a ti mismo. Aprende a vivir bien; esta es la única manera en que puedes mantenerte saludable y feliz.

Evita la tecnología

¿Cómo te siente cuando alguien no te responde cuando debería hacerlo? ¿Qué sucede cuando ves que alguien ha leído tu mensaje en WhatsApp, pero ha decidido no responderte? Recuerda que la tecnología sólo te llena la cabeza con un desorden y un ruido inútiles, y tú no necesitas eso. Debes hacer un esfuerzo por desconectarte de la tecnología de vez en cuando. Especialmente debes hacerlo cuando te despiertas por la mañana y antes de irte a la cama.

Deja de intentar complacer a todos

Es importante recordar que no puedes complacer a todos en tu vida. Tampoco tienes que complacer a todos en tu vida. Siempre puedes decir que no si hay algo que no puedes o no quieres hacer. Cuando aceptas una tarea de otra persona, trabajarás duro para terminarla. Esto consumirá tu tiempo y te impedirá hacer otras tareas que son más importantes para ti. Por lo tanto, para evitar todo esto, si sabes que no puedes incluir la petición de otra persona en tu horario, debes decir que no.

Vive en el presente

La búsqueda muestra que cerca de 35.000 pensamientos que están desconectados y separados pasan por tu mente diariamente. Siempre es bueno planear con antelación. Dicho esto, no pospongas la alegría simplemente porque necesita completar todas las tareas de su lista. Trabaja siempre. Concéntrate en el presente y despeja tu mente. Esta es la única manera en que vivirás la vida al máximo.

Crea un Santuario

Siempre puedes crear un espacio para ti mismo en tu casa o fuera de ella. Puedes escapar a este lugar cuando te sientas abrumado o ansioso. Debes ir a este lugar sólo cuando necesites ordenar tus pensamientos, meditar, practicar el autocontrol o descomprimirte. Cuando hagas esto, puedes limpiar tu mente de cualquier desorden mental.

Capítulo cinco: Cómo dejar de preocuparse tanto

Como se mencionó anteriormente, la preocupación es diferente a pensar demasiado, pero no es una emoción compasiva. La preocupación también puede llevar a pensar demasiado. La preocupación no te hace pensar. No te ayuda a resolver ningún problema. Puede que te preocupes por las buenas intenciones, pero la preocupación no tiene sentido. También puede ser perjudicial. La gente a menudo se preocupa mucho en la vida. Esta preocupación te mantendrá despierto por la noche, te distraerá de las conversaciones o en el trabajo y también afectará la forma en que tratas a las personas que te rodean. Esto es especialmente cierto si te preocupas por las personas más cercanas a ti. Es posible que te preocupes por:

- Aprobar tus exámenes

- Cómo te veías en el trabajo o en la escuela

- Asegurarte de llegar al trabajo o a la escuela a tiempo

- Olvidarte de cerrar la puerta o apagar el gas

- ¿Qué piensan los demás de ti?

- Perder algo y otros

Si prestas atención a lo que está pasando en tu vida, te darás cuenta de que las cosas que te pasan no son las que te preocupan constantemente. Simplemente pierdes el tiempo y no duermes en absolutamente nada. Cuando notes y sigas más tus emociones, te darás cuenta de lo temeroso que te vuelves. Si estás cansado de vivir con miedo o de perder el sueño, ve las sugerencias que se enumeran en este capítulo.

Consejos para dejar de preocuparse

Lee un libro

Si te preocupas constantemente, te mantendrás despierto por la noche. En lugar de seguir preocupándote por la noche, puedes elegir hacer cualquier otra cosa. En vez de dar vueltas y vueltas, puedes leer un libro. Puedes leer cualquier cosa, incluso un libro de cocina. Lee hasta que te duermas. Si no te gusta leer, puedes hacer una receta sencilla del libro de cocina para el día siguiente. Necesitas entender que tu preocupación no va a resolver sus problemas, sino que sólo te impedirá concentrarte en otra cosa.

Pierde el control

Cuando te preocupas constantemente por un evento y repites los escenarios en tu cabeza, no puedes cambiar el resultado. Necesitas entender que no puedes controlar todo lo que sucede en tu vida. Es por esta razón que debes reconocer que no puedes controlar todo lo que te preocupa y dejar que estos temas se vayan. En palabras sencillas, no eres dueño de tus preocupaciones. Tus preocupaciones son muy diferentes de la realidad.

Actúa

Cuando te preguntas y esperas constantemente, te lleva a preocuparte. En lugar de preguntarte cosas como "¿Qué pasaría si...?", debes actuar inmediatamente. Siempre haz lo que mejore tu situación. Esta es la única manera en que puedes dejar de preocuparte.

Habla con alguien

Si te quedas solo con la preocupación, pasarás por una espiral descendente. Siempre deja que alguien sepa por lo que estás pasando. Siempre confía en alguien y habla con él. Esta es la única manera en la que puedes añadir algo de perspectiva a tus pensamientos. Esta es la única manera en que puedes evitar la espiral descendente.

Anótalo

Si no confías en la gente, debes escribir tus preocupaciones. Siempre escribe tus preocupaciones en un papel, ya que esto te permitirá ver cuáles son esas preocupaciones. Esto te permitirá ver qué parte de tu preocupación está siendo exagerada, y qué parte es la realidad. Cuando llevas estas palabras de tu cerebro al papel, puedes calmar el miedo y el caos que está en tu mente.

Ejercicio

Cuando haces ejercicio, puedes engañar a tu cerebro para que se mantenga al ritmo de tu cuerpo. Puedes hacer saltos de tijera, dar una caminata rápida, bailar alrededor de la cocina, subir el volumen de las canciones o realizar cualquier otra actividad que aumente tu ritmo cardíaco. Esta es la única manera de evitar que tu mente se preocupe.

Actúa como Scarlett O'Hara

Scarlett O'Hara nunca dejó que su preocupación la derribara. Siempre se dijo a sí misma que pensaría en el tema en la mañana. Siempre permítete dejar tus preocupaciones para el día siguiente. Lo más probable es que nunca recuerdes cuáles eran esas preocupaciones.

Deje de usar Google

Antes de utilizar Google para comprender tu próximo dolor de cabeza o de corazón, deberías tomarte un tiempo para decidir a quién debes consultar y cómo te sientes. Si no te sientes demasiado bien y comienzas a investigar tus síntomas, te preocuparás más. Simplemente te preocuparás. El Internet es una gran fuente para encontrar la información correcta, pero siempre se puede encontrar una respuesta negativa a cada respuesta positiva. Este es un resultado útil. Cuando busques en Google con pánico, terminará mal.

Reflexiona

Tómate un tiempo para escribir sobre tu última sesión de preocupación. Pregúntate a ti mismo qué ganaste al preocuparte. Trata de ver cómo te sientes. Necesitas aprender de eso y reconocer que cuando te preocupas constantemente, puedes enfocarte en algo que importa. También puedes concentrarte en algo mejor de tu vida.

Ayuda a alguien

La mejor manera de evitar que pienses en tus preocupaciones o en ti mismo es ayudar a otra persona.

Puedes usar uno o más de estos consejos para ayudarle a sobrellevar la preocupación. Cuando practiques estos consejos de manera consistente, te preocuparás menos. También puedes eliminar otra capa de estrés de tu vida. Las personas siempre tienen preocupaciones similares, especialmente las tres grandes mencionadas anteriormente: amor, dinero y salud. Veamos algunas formas de enfrentar estas preocupaciones.

Cómo hacer frente a las preocupaciones por el dinero

Necesitas quitarte el poder que el dinero tiene sobre ti. Aprende nuevas formas de pensar sobre el dinero. Recuerda que el dinero irá y vendrá en tu vida de maneras impredecibles. Es importante que aprendas a controlar el dinero. Esta es la única manera de ser más feliz. Puedes consultar diferentes libros disponibles en Internet para aprender más sobre cómo puedes manejar el dinero.

Cómo hacer frente a las preocupaciones sobre el amor

Todo el mundo te dice que el amor es la cosa más importante y poderosa que todo el mundo tiene. La gente se preocupará de ser amada, de encontrar el amor y de perderlo. La mejor manera de dejar de preocuparse por el amor es notar que hay amor en todas partes. No sólo tienen que encontrarlo en un lugar o en una persona. Si quieres ganar más amor, debes dar amor, apreciar el amor y notar el amor. Cuando medites, aprenderás a abrir tu corazón al amor. También aprenderás cómo el amor viajará en todas las direcciones. También debes reconocer el amor cuando lo notes. Por ejemplo,

- Si tu amigo viene a verte cuando no estás bien, deberías decir, "esto es amor".

- Cuando veas el atardecer, puedes decir, "esto es amor".

- Si te tomas un tiempo para cuidarte y pasar un tiempo a solas, di, "esto es amor".

Lidiar con las preocupaciones sobre la salud

Cuando te preocupas por tu salud, te hace sentir que no estás sano. La gente siempre se preocupa por las personas que ama, y esto hará que tú te preocupes. En cambio, debes aprender a vivir saludablemente sin importar cómo sea tu situación. Siempre toma las decisiones más saludables y toma las decisiones correctas. Si te preocupa una condición actual o un diagnóstico específico, debes ser proactivo y conectarte con las personas que están en una situación similar. Puedes trabajar con un equipo en el que confíes, para que trabajen para ti. Recuerda que un hábito saludable puede cambiar tu vida para mejor.

Capítulo seis: Eliminando la basura de tu vida

Como se mencionó anteriormente, puedes despejar el desorden en tu mente cuando despejas el desorden a tu alrededor también. La forma más simple de hacerlo es tirar todo lo que tienes en una pila de basura y darlo por terminado. Sin embargo, hay algunas cosas que nunca debes tirar a la basura. Siempre puedes usar estas cosas más tarde en la vida. Si quieres saber cómo puedes deshacerte de la basura en tu casa sin tirarla toda, sigue leyendo.

Organiza una venta de garaje

Una de las maneras más simples de deshacerse de cualquier cosa que no quieras usar es organizar una venta de garaje. Pon los artículos en tu césped o patio con un letrero que diga "gratis". Aunque la gente no se lleve los artículos inmediatamente, es la mejor manera de comenzar tus esfuerzos. La ventaja de hacer esto es que tus cosas van a alguien que las va a usar. Las cosas encontrarán un hogar feliz.

Recicla tus aparatos electrónicos

Cuando tiras los aparatos electrónicos a la basura, se vuelven tóxicos. También se volverán tóxicos para el medio ambiente por el cromo, el mercurio o el plomo que contienen. Cuando quieras deshacerte de computadoras portátiles y teléfonos viejos o no deseados, debes ir a una tienda de reciclaje que acepte electrónicos. Busca una tienda, como Staples, que acepte los aparatos electrónicos sin importar la condición, la marca o el lugar donde los compraste.

Convierte la madera en abono

Si estás trabajando en un proyecto de mejoras para el hogar, verás que tienes mucha madera sobrante en tu casa. Si no vas a usar esta madera en el futuro, debes ver si quieres usarla en tu jardín. Lleva la madera a una tienda y pásala por una trituradora de madera. Puedes convertir la madera en bono. Esto mejorará el suelo al agregarle más nutrientes.

Deja que la pintura vieja se seque

Recuerda que nunca puedes dejar latas de pintura viejas en un cubo de basura. Es necesario dejar las latas de pintura con látex en sitios especiales. Si tienes muchas latas de pintura con látex en tu casa y no quieres dejarlas en un centro de reciclaje, debes dejar que la pintura se seque.

Venda en línea ropa no deseada

Todos compramos numerosa ropa en línea, y no usamos esa ropa todo el tiempo. Esta ropa se apilará, y ocupará mucho espacio en tu armario. Hay numerosas aplicaciones como Depop, Poshmark y ThreadUp que te permitirán vender tu ropa en línea. La mayoría de las tiendas de consignación no quieren aceptar ropa no deseada. Estas aplicaciones y sitios web te permitirán publicar fotos de la ropa en línea. Estas aplicaciones y sitios web también te proporcionarán una etiqueta de envío y ventas en línea que facilitarán el proceso de transacción.

Usa Ropa Raída para Limpiar

Puede elegir donar tu ropa, pero algunas de estas ropas estarán gastadas o demasiado rotas para ser vendidas o donadas. Si este es el caso, debes transformar esta ropa en artículos de limpieza. Puedes cortar esta ropa en trozos más pequeños y usarlos como trapos. Esto te evitará gastar dinero en las toallas de papel o paños para lavar. Esta es una alternativa ecológica.

Utilizar las escaleras como almacenamiento

Es muy difícil averiguar cómo puedes deshacerte de una escalera que es demasiado vieja para usarla. No se puedes meter esta escalera en una bolsa de basura normal. En lugar de tirar esta escalera, puedes reciclarla. Puede colgar la escalera en una pared y usarla para tener un poco más de espacio de almacenamiento. Si te gustan los libros, puedes usar esta escalera como una estantería.

Entrega toallas gastadas a los refugios de animales

Numerosas organizaciones benéficas aceptarán toallas viejas, y todo lo que necesitas hacer es asegurarte de que estas toallas mantengan un cierto estándar. Si las toallas están desgastadas y no cumplen con ciertos estándares, puedes entregarlas a un refugio de animales. Estos refugios necesitan mantas y toallas para usar en las perreras.

Ayude a la vida silvestre con las varitas de rímel

Deberías pensártelo dos veces antes de tirar las herramientas de maquillaje. Como las cerdas de la varita están muy juntas, estas varitas se pueden usar para quitar insectos y bichos de las plumas y pieles de los animales salvajes. Carolina del Norte creó una misión llamada Wands for Wildlife (Varitas para la Vida Silvestre) que acepta las viejas varitas de rímel. Ellos usan estas varitas en el cuidado y tratamiento de los animales silvestres huérfanos y heridos. Esta organización acepta donaciones en febrero y octubre anualmente.

Donaciones de libros a escuelas y maestros

Las escuelas públicas y los maestros a menudo llenan sus aulas con libros y suministros necesarios usando su propio dinero. Lo hacen para poder ofrecer una buena experiencia de aprendizaje a sus alumnos. Cuando se trata de maestros de primaria, compran libros para abastecer la biblioteca del salón de clase y así poder ayudar a sus estudiantes a leer. Si quieres retirar algunos libros de tu colección, puedes donarlos a un maestro local o a una escuela pública.

Donaciones de jarrones a los hospitales

Si quieres encontrar una manera de deshacerte de los jarrones viejos, debes dirigirte al hospital local. Los pacientes siempre reciben un ramo de flores de sus seres queridos. Estos arreglos siempre necesitarán un jarrón para que estos ramos puedan durar en el hospital. Existen numerosos programas como el de Actos de Flores al Azar (Random Acts of Flowers) que recogen jarrones de las casas y envían flores a los pacientes. Puedes utilizar esta alternativa si no vives cerca de un hospital local donde puedas hacer una donación.

Deja tus zapatos en una tienda cercana

Si tus zapatillas deportivas se desgastan, entonces es obvio que otra persona no podría usarlos tampoco. Si no puedes donar estos zapatos, puede dejarlos en una tienda de marca como Nike. Esta compañía tiene un programa de Reuse-A-Shoe en el que toman zapatillas viejas, las trituran y las convierten en algo nuevo. Ellos aceptas diferentes tipos de zapatillas deportivas.

Dona lápices y bolígrafos

Si tienes demasiados bolígrafos y lápices, debes encontrar el lugar adecuado para donarlos. Puedes usar programas como Right-to-Write donde llevan bolígrafos y lápices usados y nuevos a los niños de países en desarrollo. La misión debería ser abrazar la noción de que una acción simple como regalar un bolígrafo o un lápiz o incluso reciclarlos. Ellos creen que la herramienta puede ayudarles a cambiar la vida de un niño.

Usa los alimentos no utilizados como abono

No tienes que desperdiciar comida en estos días, incluso si esa comida está estropeada. Lo mismo ocurre con las plantas muertas. La Agencia de

Protección Ambiental de los Estados Unidos afirma que cerca del treinta por ciento de los alimentos que tiramos son desechos de jardín y restos de comida. Todos estos artículos pueden ser convertidos en abono. Cuando haces abono con plantas muertas, restos de comida y comida descompuesta, reducirás la cantidad de comida que tiras en los vertederos globales sobrellenados. Esto reducirá el metano liberado en el aire.

Digitaliza tu cajón de basura

La gente siempre tendrá algunos trastos en sus cajones, especialmente la cocina que está llena de recibos, facturas y menús para llevar. Si buscas una manera de limpiar los trastos en tus cajones pero no quieres deshacerte de ellos, puedes optar por digitalizarlos. Puedes inscribirte para recibir estas facturas en línea. Esto convertirá tus recibos en datos utilizando numerosas aplicaciones como Shoeboxed. Puedes encontrar los sitios web de tus restaurantes favoritos y marcarlos en la aplicación.

Lleve siempre bolsas de plástico

Si tienes muchas bolsas de plástico en casa y sabes que no las usarás, puede llevarlas al supermercado. Dado que el mundo se está moviendo ahora para reutilizar las bolsas de plástico, muchas tiendas de comestibles han comenzado a colocar buzones en la entrada para recoger esas bolsas. Si no sabes dónde puedes llevar las bolsas, puede consultar el directorio en línea de la Compañía de Reciclaje de Plásticos.

Dona un artículo cada día

Si todavía está luchando con despejar, el fundador de Becker, Joshua Becker, dice que debes comprometerte a deshacerte de al menos un artículo en tu casa todos los días. Cuando haces esto, te será más fácil deshacerte de la basura. Si sigues este consejo, puedes deshacerte de 365 artículos en un año de tu casa. Si aumentas el número de artículos a dos cada día, puedes deshacerse de 730 artículos de tu casa. Esta es una manera fácil de despejar el desorden.

Capítulo Siete: Desconectándote de la tecnología

La tecnología es parte de la vida de todos. La necesitamos para mantenernos en contacto con la gente y para completar el trabajo, y no hay otra manera de hacerlo. Como en todas las cosas buenas, es importante que moderes tu uso. Esta adicción a la tecnología no es un problema sólo para nuestra generación, sino para cada persona que utiliza un portátil o un smartphone. Las investigaciones demuestran que el usuario promedio de un smartphone revisará su dispositivo al menos 200 veces al día. Esto significa que si se queda despierto durante quince horas, entonces revisa su teléfono al menos doce veces cada hora. La gente cree que cuando hacen varias tareas a la vez, pueden hacer mucho más en su vida privada y laboral. ¿Es esto cierto? Entonces, ¿qué es lo que puedes hacer para llevar una vida sencilla y hacer todo lo que quieras?

La tecnología reducirá la productividad

Investigaciones demuestran que cuando realizas más de una actividad a la vez, te hará más lento, lo que significa que tu eficiencia disminuirá. Cuando metes tu cabeza dentro de una pantalla durante una gran parte de su día, causará estragos en tu salud física y mental. Los estudios muestran que los adultos jóvenes que usan su tecnología mostrarán los mismos patrones cerebrales que las personas que son adictas a la cocaína y al alcohol.

¡DETOX!

No es fácil salir de la red y tampoco vivir sin tecnología. Sin embargo, puedes aprender a reducir la frecuencia con la que usas la tecnología. Recuerda que puedes ser un miembro funcional de la sociedad incluso si reduces el uso de la tecnología. Puedes apagar el teléfono y el ordenador portátil a veces sin afectar a tu trabajo o dañar tu vida social. Cuando te desconectas de la tecnología, no significa que te estés desconectando del mundo.

¡Desconéctate ahora!

En esta sección se enumeran diferentes formas en las que puedes desconectarte de diferentes dispositivos a diario. Cuando lo haces, puedes hacer más cosas en el trabajo y en tu vida. Tendrás suficiente tiempo para hacerlo mejor en la vida.

Comienza bien tu día

La gente te dice que necesitas beber un batido lleno de nutrientes y un desayuno saludable para empezar bien el día. Así que, ¿por qué no empezar el día refrescando tu mente? No cojas tu teléfono en el momento en que te despiertes, en vez de eso, concéntrate en ti mismo y medita. Esta es la única manera en que puedes estimular tu cerebro. No respondas ni un solo correo electrónico ni siquiera a los mensajes hasta que medites.

A la vieja escuela

Deberías volver a un teléfono viejo. Evita usar teléfonos inteligentes y cámbiate a un Nokia 33500 si es necesario. La potencia de la batería de este teléfono excederá la de cualquier teléfono inteligente moderno que se esté desarrollando. Cuando utilizas un teléfono antiguo, no puedes revisar tus correos electrónicos, Instagram o Facebook. Sólo puedes responder a los textos y correos electrónicos esenciales. Por lo tanto, intenta hacer esto. Es la única manera de asegurarte de que haces todo lo que puedes.

Haz más

La gente a menudo pierde el tiempo navegando por Internet. Pasarán cada minuto del día navegando por Internet si es necesario. Para evitar hacer esto, debes pasar tu tiempo haciendo algo productivo. Puedes organizar reuniones durante el día o poner en marcha un sistema de rendición de cuentas. Siempre llena tu horario con actividades que te nutran. Esta es la única manera en que puedes asegurarte de no tener suficiente tiempo para navegar por Internet entre la cena, el sueño y el trabajo. Puedes hacer esto sólo por unas horas o días, pero te ayudará a desintoxicarte de la necesidad de estar en línea cada segundo de cada día.

Lee o escribe un libro

La gente a menudo revisa los correos electrónicos, los mensajes o las redes sociales cuando viajan al trabajo o hacen cola. Esta es la única forma que conocemos de gestionar el tiempo. Estos clips, mensajes de correo electrónico e imágenes sólo hacen que te desenfoques; en su lugar, lleva un libro contigo. También puedes usar la aplicación Kindle en tu teléfono o llevar un kindle. Después puedes apagar el móvil. Si no deseas leer, apaga el teléfono y escribe un libro. Puedes dedicar una o dos horas diarias a escribir para poder hacer el primer borrador en unos pocos meses. ¿Te acordarás entonces de tener que usar Instagram o Facebook?

Descarga una aplicación

¿Cree que es posible utilizar la tecnología para ayudar a separarse de la tecnología? Esto puede parecer contrario a la intuición, ¿no es así? Dicho esto, si hay un mercado, habrá una aplicación que una empresa tecnológica desarrollará. Las compañías tecnológicas están desarrollando aplicaciones de separación, y estas aplicaciones te ayudarán a bloquear algunas aplicaciones. Estas aplicaciones convertirán tu smartphone en un teléfono tonto por un período específico.

Dieta

Cuando quieras perder peso, contarás tus pasos de actividad y tus calorías. Tratarás de ver qué es lo que puede hacer para bajar unas cuantas libras. Así que, ¿por qué no haces esto cuando se trata de contar el tiempo que dedicas a la tecnología? Siempre debes tomar nota del número de horas que pasas revisando tus notificaciones de correo electrónico, mensajes, navegando en las redes sociales, navegando por Internet, etc. Intenta ver si puedes reducir el tiempo que pasas en las redes sociales por lo menos en un diez por ciento. Cuando tengas tiempo extra, puedes intentar aprender un nuevo idioma o añadir una clase de ejercicio. También puedes pasar más tiempo con tu familia.

Toma un descanso

Si sabes que luchas contra una sobredosis de tecnología, necesitas tomarte unas minivacaciones. Puede dejar tu teléfono en casa y salir a caminar o hacer algo. Esto puede ser un poco doloroso, pero no es el fin del mundo si no publicas una imagen de cómo fue tu día en Instagram o Facebook. Si esto te resulta un poco difícil, puedes ir a un spa o a un retiro.

Agiliza tu trabajo

Este capítulo no sólo habla sobre desconectar la tecnología, sino que también hablará sobre la racionalización de la forma en que utilizas la tecnología para que pueda funcionar para ti. La gente puede ponerse en contacto contigo de diferentes maneras: Facebook, WhatsApp, Instagram, correos electrónicos, mensajes y más. Creen que es la única manera de mantenerse conectados entre sí y de seguir a la cabeza de la empresa. De hecho, ocurre lo contrario. Siempre es una buena idea limitar la conectividad. Siempre pide a la gente que utilice sólo un medio para ponerse en contacto contigo. Por ejemplo, tus clientes tendrán acceso a tu número de teléfono y a tu correo electrónico. Si necesitan hacer una consulta general, se dirigirán a ti por correo electrónico. De lo contrario, te llamarán. Asegúrate de establecer tus límites. Deja tu estado como "No molestar" en Skype, desactiva las notificaciones de Facebook y redirige todos tus mensajes y correos electrónicos a una sola identificación. También puedes desactivar todas las demás aplicaciones, para que no pases demasiado tiempo buscando mensajes que no llegan a tu teléfono. También puedes intentar eliminar algunas aplicaciones de tu teléfono.

Sé más activo

Si te ves atrapado en la niebla tecnológica, especialmente cuando estás en movimiento o tienes la cara enterrada en tu dispositivo cuando vas camino a una reunión, debes tratar de cambiar la forma en que te comportas. Si utilizas demasiado el teléfono cuando viajas al trabajo o a la escuela, debes cambiar tu medio de transporte. Debes utilizar un medio de transporte que te impida usar el dispositivo. Monta en bicicleta o corre para ir al trabajo. También puede viajar con un colega o un amigo. Necesitas hacer lo que sea necesario para dejar de usar el teléfono.

Deja el trabajo atrás

Cuando salgas del trabajo, deberías dejarlo. Siempre activa el "fuera de la oficina" cuando salgas del trabajo. Mantén un número diferente para tu casa. Asegúrate de no desviar nunca las llamadas de la oficina a tu teléfono personal. Además, evita revisar tus correos electrónicos.

También puedes utilizar un filtro asistente en tu buzón de correo electrónico que sólo desviará los correos electrónicos importantes a tu teléfono. Estoy seguro de que no tienes nada tan importante con lo que lidiar que te impida pasar tiempo en tu casa o con tu familia.

Involucra siempre a tus amigos

Cuando decidas desconectarte de la tecnología, debes decírselo a tus amigos y familiares. Puedes pedirles que te mantengan bajo control. Diles que te llamen si estás escribiendo un correo electrónico o revisando tu teléfono en la mesa de la cena. Cuando sepas que te están cuidando y que te vigilan, te mantendrás alejado de tu teléfono y de tu portátil.

Guarda tus cosas bajo llave

Si no puedes confiar en ti mismo para mantener tus manos alejadas de tu tecnología, debes pedirle a tu amigo o compañero que guarde ese aparato por un tiempo. Puedes darle las contraseñas y pedirle que mantenga el teléfono con él durante un período específico. La otra cosa que puedes hacer es trabajar en un ambiente donde no hay Wi-Fi.

Establecer una hora de acostarse con la tecnología

Sabes que la luz que emiten tus aparatos estropeará tu patrón de sueño. Dicho esto, todos somos culpables por mirar nuestros teléfonos antes de ir a la cama. Por lo tanto, necesitas establecer una hora de dormir para tu tecnología. Los expertos sugieren que debes dejar de usar su teléfono al menos dos horas antes de irte a la cama. Esto te dará suficiente tiempo para relajarte. Si deseas hacer esto para toda la familia, debes apagar el Wi-Fi y darte el tiempo suficiente para jugar, hablar con los demás o ponerse al día con una película. Es más fácil decirlo que hacerlo, pero hay que atenerse a ello.

Programa siempre tiempo "libre"

Puedes programar un tiempo cada día en el que puedas pasar todo el tiempo en tu teléfono. Puedes jugar, chatear con amigos o incluso cargar imágenes en Instagram si lo deseas. Cuando el temporizador se apague, deberás volver a apagar el teléfono. Esto asegurará que utilices tu tiempo con la tecnología de forma inteligente. Si sabes que sólo puedes usar tu teléfono durante algunos momentos, aprenderás a priorizar bien tu tiempo. También sabrás cuándo es suficiente.

Siempre en el momento

Como necesitamos mostrar al mundo lo que estamos haciendo, ya no vivimos el momento. Siempre queremos usar Instagram para decirle al mundo dónde estamos y qué estamos haciendo. Aprende a funcionar en el presente. Asegúrate de estar físicamente en el presente. Vive siempre el momento - ve a dar un paseo al parque. No utilices los mapas de Google. Si vives en la ciudad, puedes tomar el metro o un tren al azar. Asegúrate de no programar el viaje en la aplicación. Deja una nota en la mesa de la cocina y comunica a tu pareja cuál es tu plan.

Desconéctate

Puedes hacer muchas cosas para desconectarte, pero si lo piensas, todo lo que tienes que hacer es desconectarte. Asegúrate de apagar los dispositivos en lugar de usar simplemente un protector de pantalla. Asegúrate de no apresurarte a contestar llamadas o mensajes y deja que vayan al correo de voz y revisa tus mensajes después de cada 3-4 horas. Construye una rutina y mantente desconectado el resto del día y aprende a disfrutar de tu vida y a relajarte.

Capítulo ocho: Cómo ser dueño de tu mente

Cuando piensas demasiado, a menudo dejas que los pensamientos y eventos negativos nublen tu mente. Es posible que siempre hayas tratado de controlar estos pensamientos en un momento u otro. Puedes usar libros de autoayuda para tratar de controlar tus pensamientos y pensar de manera positiva. Los consejos que se mencionan en esos libros habrían funcionado durante algún tiempo, pero verás que vuelves a estar donde empezaste en poco tiempo. Hay una manera más fácil de controlar tu mente: debes convertirte en el Director de tu mente. Dirige tus pensamientos para vivir en armonía con tu espíritu, tu yo y tu cuerpo. Los pasos mencionados en este capítulo te ayudarán a dominar tu mente en poco tiempo.

Paso uno: Reconocer y escuchar

Todo líder está obligado a escuchar a sus empleados. Deben escuchar cualquier problema que puedan tener y ver cómo pueden ayudarles a superar esos problemas. Las mentes son muy parecidas a las personas. Puedes calmar tu mente y dejar ir los pensamientos que no te ayudan. Siempre practica ser amable y siempre agradece a tu mente por su contribución. Repite lo siguiente a tu mente:

- Gracias, mente, por hacerme saber que necesito tener éxito en el cumplimiento de mis objetivos, para no ser despedido.

- Gracias por decirme que estas situaciones son las partes más importantes de mi vida y que necesito aprovecharlas.

- Gracias por hacerme ser cauteloso con los pasos que tomo para lograr mis objetivos.

Asegúrate de escuchar a tu mente y reconocer todo lo que tu mente te dice.

Paso dos: Haz las paces con tu mente

A la gente no le gusta la forma en que sus mentes piensan, y tú puedes ser una de esas personas. Puede que no te guste cómo se comporta la mente. La negatividad también se volverá muy irritante. El hecho es que estás atrapado con la negatividad. No puedes quitarla de tu mente. El Dr. Russ Harris, en el libro "La trampa de la felicidad", trata de ilustrar cómo la mente trata los pensamientos negativos usando el ejemplo de los palestinos e israelíes. La gente de estos países son enemigos, y no se gustan entre ellos. Dicho esto, necesitan vivir unos con otros. Cuando uno de los países hace la guerra contra el otro, el otro lado tomará represalias. Cuando hacen esto, la gente de los países saldrá lastimada. Los edificios serán destruidos. Si esto sucede, no tendrán demasiada energía para concentrarse en la construcción de sociedades en el país. Si estos países vivieran en paz, los líderes podrían construir sociedades más saludables. Esta es la única manera en que pueden lidiar con la negatividad en su mente. Necesitan aceptar que tendrán algunos pensamientos y emociones negativas. Recuerda que no puedes controlar estos pensamientos y emociones en todo momento. Esta es la única manera en que puedes avanzar en la vida y enfocarte en el presente. Nunca tienes que aceptar estos pensamientos o estar de acuerdo con ellos. Todo lo que necesitas hacer es dejarlos en la parte de atrás de tu mente. Esta es la única manera en que puedes salir y hacer todas tus tareas.

Paso tres: Tus pensamientos son sólo eso - Pensamientos

No podemos ver la forma en que funcionan nuestras mentes. Tu mente es simplemente una parte de ti. El fundador de la Terapia de Aceptación y Compromiso, el Dr. Steve Hayes, usó el concepto de los pensamientos que se fusionan para ayudarte a entender esta relación. Cuando dijo que los pensamientos estaban fusionados, significa que los pensamientos estaban todos pegados. Es difícil diferenciar entre estos pensamientos. Sentirás que tus sentimientos y pensamientos te definen. Por lo tanto, aceptas estos pensamientos y sentimientos incondicionalmente sin mirarlos. "Mi mente me dice que soy un fracasado, así que esto debe ser cierto. Probablemente soy un fracasado. Esto es muy bonito, ¿no? Me siento de maravilla". Este es el tipo de lógica que prevalece ya que somos incapaces de mirar nuestras mentes. No podemos salirnos de nosotros mismos ni obtener una tercera perspectiva de cómo funciona el cerebro.

En realidad, tus pensamientos son eventos mentales que pasan por tu mente. Estos pensamientos están influenciados por tu salud física, sexo, hormonas, estados de ánimo, estados de cansancio y hambre, lo que viste en la televisión anoche, el clima, lo que aprendiste de niño, lo que comiste en la cena, y mucho más. Estos son como hábitos mentales, y estos hábitos pueden ser tanto malsanos como saludables. También te tomará tiempo para cambiar estos hábitos. No puedes esperar que un teleadicto deje de ver la televisión y corra un maratón. De la misma manera, tú no puedes apagar tus emociones o pensamientos negativos sin hacer un esfuerzo considerable. Aun así, tu amígdala se enfocará sólo en las cosas negativas.

Paso cuatro: Presta atención a tu mente

La frase "conoce a tu enemigo" es aplicable a la relación que compartes con tu mente. Un buen líder pasará mucho tiempo caminando por la oficina y pasará algún tiempo con los empleados para entenderlos mejor. De la misma manera, necesitas pasar algún tiempo para aprender más acerca de cómo funciona tu mente. A este tiempo de tranquilidad se le puede llamar meditación o consciencia. La cantidad de tiempo que pasas con la comprensión de tu mente es tan importante como el tiempo que pasas en el ejercicio. Cuando enfocas tus pensamientos y emociones basados en el ritmo de tu respiración, sabes que ésta vagará. Tu mente te traerá problemas no resueltos y viejas preocupaciones del día o del pasado. Si dejas estos pensamientos sin controlar, hará que te preocupes y temas la situación.

Como leímos anteriormente, la atención plena no sólo implica tratar de identificar por dónde vaga tu mente. Este método te ayudará a concentrarte en los pensamientos que te permitirán concentrarte mejor en tu respiración. Si continúas estando consciente durante meses o años, puedes entrenar tu amígdala para que se concentre en los pensamientos positivos. Esto te dará el poder de aprender cuando tus pensamientos se salgan de control. Luego puedes guiarlos de regreso usando los consejos mencionados en este capítulo. Si tu mente se descontrola, debes recordarte a ti mismo que tu mente es una parte integral tuya.

Paso cinco: Re-cablear y volver a entrenar tu cerebro

La gente es lo que hace repetidamente, o la gente se convierte en lo que piensa. Con el paso de los años, tu patrón de pensamiento se grabará en tu cerebro. Estos patrones se grabarán en las neuronas que están en tu cerebro. Estos pensamientos se conectarán de una manera única si repites ciertos caminos continuamente, las neuronas comenzarán a transmitir toda la información sólo de esa manera. Es cierto que el piloto automático es una gran herramienta en los coches, pero no está lejos de funcionar emocionalmente. Por ejemplo, puede que tengas miedo de acercarte a la gente porque te han roto el corazón varias veces. Si necesitas aprender a amar, debes ser consciente de esta secuencia negativa y enfocar tu mente en el presente. Puedes cambiar la lucha de las neuronas en tu cerebro para que puedas influir en tu forma de pensar.

Paso seis: Autocompasión

La gente a menudo juzga sus emociones o sentimientos cuando un pensamiento o un evento cruza por su mente. Cuando haces esto, no te estás mostrando ninguna compasión. Debes recordar que tus emociones y sentimientos son fuentes de información valiosas. Estos sentimientos te ayudarán a entender lo que más te importa. En lugar de criticarte a ti mismo, debes identificar nuevas formas de apoyar estas emociones y pensamientos. Puedes buscar experiencias internas y externas que te traigan consuelo y alegría. Sólo cuando te conectas con los recursos necesarios puedes aprender a navegar por estas emociones y sentimientos difíciles. Esto te ayudará a permanecer en el presente.

Capítulo Nueve: Cómo dejar de hablar negativamente de uno mismo

La vida ya está llena de numerosos obstáculos, y estos obstáculos están todos fuera de tu control. Las circunstancias en las que naces, las emergencias para las que no estás preparado, y los eventos que son imprevistos son algunos obstáculos que no puedes controlar. Sin embargo, puedes controlar tus pensamientos y la forma en que te cuidas. Hay numerosos obstáculos que debes enfrentar en el mundo, así que ¿por qué deberías hacértelo difícil a ti mismo infligiéndote más dolor? Todo lo que necesitas hacer es darte un descanso de todos los pensamientos negativos que cruzan por tu mente. Los pensamientos y las emociones negativas siempre te harán un daño incalculable. Este daño puede ser visible o invisible. Es por esta razón que necesitas mantenerlos al mínimo. Es muy difícil hacer esto, pero hay diferentes métodos en los que puedes detener los pensamientos negativos y el hablar negativamente.

Respira

Cuando las personas han fracasado recientemente, desarrollarán un miedo a fracasar. Seguirán golpeándose a sí mismos porque piensan que seguirán fracasando. Se sentirán mal de sí mismos porque están abrumados. Cuando esto suceda, debes respirar profundamente y disminuir el ritmo de los latidos de tu corazón. Calma tu mente; es entonces cuando puedes ver claramente lo que te estás haciendo a ti mismo. Si piensas negativamente, te sentirás abrumado. Cuando hagas esto, debes hacer una pausa y tomar un respiro.

Reconócelo

Si notas que tus pensamientos empiezan a dar vueltas, debes evitar sucumbir a estos pensamientos y emociones negativas. En cambio, deberías reconocer esos pensamientos. No puedes ignorar los pensamientos negativos y esperar que desaparezcan. La mayoría de las personas tienen pensamientos negativos cuando tienen miedo. Es muy difícil admitir que tienes dudas sobre ti mismo. Sin embargo, nunca puedes dejar de lado estos pensamientos si no reconoces tus miedos.

Identifica la causa

Todo el mundo tendrá pensamientos y emociones negativas. Necesitas identificar la raíz de esos pensamientos. ¿Tienes miedo? ¿Dudas constantemente de ti? ¿Has fallado recientemente?

¿Es por estos fracasos que tienes pensamientos negativos que se arrastran? Deberías pasar algún tiempo y tratar de entender de dónde vienen esos pensamientos y por qué vienen. Necesitas calmar tus miedos si tienes miedo. Lo más probable es que estos miedos estén sólo en tu cabeza. Cuando experimentes dudas, debes hacerte saber que todos fallarán en algún momento de la vida. La única manera de probarse a sí mismo que no es un fracasado es empezar a trabajar hacia una meta. Siempre identifica la causa del problema para que puedas abordar el asunto inmediatamente.

Nunca esperes la perfección

Como sólo estás empezando, no puedes esperar ser perfecto. Si has fracasado y estás empezando de nuevo ahora, sufriendo de dudas, o tienes miedo de fracasar, debes decirte a ti mismo que está perfectamente bien fracasar. Es sólo cuando abrazas estos defectos y fracasos que avanzarás en la vida a pesar de ellos. Te sentirás más seguro de ti mismo y más feliz. Está absolutamente bien cometer errores, pero debes volver a la pista inmediatamente.

Mantente positivo

Siempre debes rodearte de energía positiva. Esto te motivará a hacer algo mejor en la vida. Puedes poner una lista de reproducción que te mantendrá en movimiento, reproducir un podcast, ver un video de YouTube, escuchar a un entrenador de vida, orador o escritor, ver una película que te inspira, llamar a amigos o familiares que sabrán qué decir cuando tengas un mal día o haz ejercicio. Si te sientes deprimido, debes asegurarte de levantarte. Siempre debes saber cómo mejorar tu mentalidad o tu estado de ánimo. Esta es la única manera en que puede cambiarla. Asegúrate de que tus pensamientos nunca se salgan de control. Sólo cuando lo hagas podrás identificar los pasos que debes dar para cambiar tu forma de pensar y actuar.

Construye una rutina

Cuando se crea una rutina, no hay que pensar demasiado en qué hacer durante el día. Esto significa que necesitas gastar muy poca energía. La forma más fácil de deshacerse de los pensamientos negativos es trabajar a través de esos pensamientos. Siempre es más fácil trabajar con estos pensamientos si planeas tu día con anticipación. Cuando haces esto, no tienes que pensar demasiado en cómo empezar tu día. Te despertarás a la misma hora todos los días y te preguntarás qué es lo que harás a continuación. Todo lo que necesitas hacer es ejercicio a la misma hora todos los días. Tú sabes cuándo es que necesitas salir de la puerta para ir a trabajar. Esto significará que no vas a pensar demasiado en nada y no te quedarás atascado en tu cabeza. Cuando tratas todo lo que haces como una cita, definitivamente estarás a la altura de las circunstancias todos los días. Cuando sufras de miedo o dudas, una rutina te ayudará a seguir adelante en la vida a pesar de ellas. Por lo tanto, construye una rutina que te ayude a comenzar tu día. Trata de poner a un lado todos tus pensamientos negativos.

Silencia esos pensamientos

Va a ser difícil silenciar los pensamientos negativos. Estos pensamientos y voces siempre querrán entrar en tu mente. También es difícil para ti ignorar lo que estos pensamientos están diciendo. Sin embargo, tienes que enfrentarlos. Siempre crea una contra-narrativa a todo lo que se está diciendo en tu cabeza. Si sientes que no puedes respirar y dudas constantemente de ti mismo, todo lo que necesitas hacer es respirar, rodearte de positividad y recordarte a ti mismo que lo estás haciendo mejor.

Conclusión

Pensar demasiado es sólo pensar, ¿no es así? Dicho esto, pensar demasiado te causará muchos problemas mentales y físicos. Cuando empieces a pensar demasiado, tu juicio se nublará. Tus niveles de estrés se elevarán. Empezarás a pasar demasiado tiempo pensando en las cosas negativas de tu vida, y esta negatividad hará que te sea difícil actuar.

Pensar demasiado no empieza de la noche a la mañana. Siempre comienza con un pensamiento preocupante. Cuando te quedas en el mismo pensamiento durante horas, días, semanas o meses, te llevará a tener pensamientos más preocupantes que te dificultarán el concentrarte en cualquier otra cosa. Antes de que te des cuenta, habrá un millón de pensamientos sobre el mismo tema fluyendo por tu mente. Si estás en una relación y has sido lastimado en el pasado, puedes hacerte las siguientes preguntas:

- ¿Me está engañando?
- ¿Me ama verdaderamente?
- ¿Soy lo suficientemente hermosa para él?
- ¿Ha pensado en otras mujeres mientras estaba conmigo?
- ¿Soy suficiente para él?

- ¿Y si se conecta mejor con otra persona?
- ¿Y si le gusta la atención que recibe de otras personas?
- ¿Y si no soy lo suficientemente buena?

Y muchas más preguntas. ¿Crees que es justo que te hagas estas preguntas sobre un chico con el que tienes una relación ahora? Sí, te hirieron en el pasado, pero ¿crees que es justo creer que esta persona se comportará de la misma manera contigo? No puedes hacerlo porque no te gustaría que alguien se comportara de esta manera contigo. Lo mismo ocurre con una conversación que hayas tenido en el pasado. Recuerda que no puedes retroceder en el tiempo para cambiar lo que dijiste o hiciste. Así que, ¿por qué preocuparse por ello ahora?

La única razón por la que lo haces es porque suprimes tus pensamientos. Lo que la mayoría de la gente no entiende es que estos pensamientos suprimidos se manifestarán en tu mente. Estos pensamientos se profundizarán, y cuando pasen por tu mente, empezarás a pensar en ellos repetidamente. Esto no te ayuda de ninguna manera. Entonces, ¿qué puedes hacer para evitar que estos pensamientos afecten tu psique? De acuerdo con la psicología occidental y el budismo, necesitas aprender a aceptar estos pensamientos para que puedas reformularlos. Puedes reformular tus pensamientos sólo cuando los aceptes.

Un estudio reciente realizado en el Reino Unido mostró que las personas que siempre se enfocaron en eventos negativos tienen problemas para vivir en el presente. Estas personas siempre fueron infelices y desarrollaron problemas comunes de salud mental. Entonces, ¿cómo crees que puedes detener este círculo vicioso? Encontrarás toda esta información en este libro. Este libro te ayudará a entender cómo puedes convertirte en el maestro de tu mente. Sólo cuando controlas tus pensamientos puedes cambiar tu forma de pensar. Puede que te preguntes qué puedes hacer para controlar estos pensamientos. Hay algunos trucos simples que puedes usar para controlar estos pensamientos. Este libro cubre consejos científicamente probados que puedes usar para controlar tus pensamientos. El libro no sólo te da consejos, sino que también arroja algo de luz sobre lo que es pensar demasiado y lo diferente que es de preocuparse. Puedes usar los diferentes consejos y trucos mencionados en el libro para ayudarte a lidiar con los pensamientos negativos, el pensamiento en exceso y la preocupación. La gente piensa demasiado y se preocupa por el desorden mental. Tienen cientos de miles de pensamientos corriendo por su mente, y no todos estos pensamientos son pensamientos felices. Es importante que te deshagas de este desorden. Recogerás algunos consejos sobre cómo puedes deshacerte del desorden tanto físico como mental.

Recuerda, tus pensamientos definirán tu felicidad y tus acciones. Si te preocupas constantemente por lo que pasó en el pasado o por lo que puede pasar en el futuro, seguirás siendo infeliz. Dicho esto, la gente tiende a pensar demasiado cuando sus mentes están ociosas. Pueden pensar en absolutamente cualquier cosa en sus vidas. Para evitar hacer esto, es necesario reservar un tiempo cada día en el que sólo se piense en estos pensamientos. Permíteles que inunden tu mente, pero presta atención a cada uno de ellos. Como se mencionó anteriormente, cuando prestes atención a los pensamientos de tu mente, puedes reformularlos. Esto te ayudará a cambiar la forma en que piensas. Si quieres ver diferentes consejos y trucos que puedes usar para hacer esto, no busques más, este libro los tiene todos.

Espero que la información de este libro te ayude a convertirte en el maestro de tu mente. Después de todo, eres la única persona que puede despejar tu mente y dominar tus propios pensamientos. Entonces, ¿qué esperas? Puedes empezar a mejorar tu vida hoy. ¡Te lo mereces!

www.ingramcontent.com/pod-product-compliance
Lightning Source LLC
LaVergne TN
LVHW041619070526
838199LV00052B/3200